BEI GRIN MACHT SICH IHR WISSEN BEZAHLT

- Wir veröffentlichen Ihre Hausarbeit, Bachelor- und Masterarbeit

- Ihr eigenes eBook und Buch - weltweit in allen wichtigen Shops

- Verdienen Sie an jedem Verkauf

Jetzt bei www.GRIN.com hochladen und kostenlos publizieren

Bibliografische Information der Deutschen Nationalbibliothek:

Die Deutsche Bibliothek verzeichnet diese Publikation in der Deutschen Nationalbibliografie; detaillierte bibliografische Daten sind im Internet über http://dnb.dnb.de/ abrufbar.

Dieses Werk sowie alle darin enthaltenen einzelnen Beiträge und Abbildungen sind urheberrechtlich geschützt. Jede Verwertung, die nicht ausdrücklich vom Urheberrechtsschutz zugelassen ist, bedarf der vorherigen Zustimmung des Verlages. Das gilt insbesondere für Vervielfältigungen, Bearbeitungen, Übersetzungen, Mikroverfilmungen, Auswertungen durch Datenbanken und für die Einspeicherung und Verarbeitung in elektronische Systeme. Alle Rechte, auch die des auszugsweisen Nachdrucks, der fotomechanischen Wiedergabe (einschließlich Mikrokopie) sowie der Auswertung durch Datenbanken oder ähnliche Einrichtungen, vorbehalten.

Impressum:

Copyright © 2011 GRIN Verlag
Druck und Bindung: Books on Demand GmbH, Norderstedt Germany
ISBN: 9783668932135

Dieses Buch bei GRIN:

https://www.grin.com/document/461756

Christine Glitsch

Elektrische Schalter bauen im Sachunterricht einer 4. Klasse

GRIN - Your knowledge has value

Der GRIN Verlag publiziert seit 1998 wissenschaftliche Arbeiten von Studenten, Hochschullehrern und anderen Akademikern als eBook und gedrucktes Buch. Die Verlagswebsite www.grin.com ist die ideale Plattform zur Veröffentlichung von Hausarbeiten, Abschlussarbeiten, wissenschaftlichen Aufsätzen, Dissertationen und Fachbüchern.

Besuchen Sie uns im Internet:

http://www.grin.com/

http://www.facebook.com/grincom

http://www.twitter.com/grin_com

Unterrichtsvorbereitung
zur Prüfungslehrprobe für das 2. Staatsexamen
von
Christine Glitsch

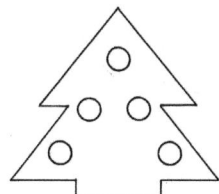

Fach: Sachunterricht
Klasse: 4

Uhrzeit: 9.00 – 9.45 Uhr

Thema der Unterrichtseinheit: Wir konstruieren einen beleuchteten Tannenbaum zur Fensterdekoration
Thema der Unterrichtsstunde: Wir benötigen einen Schalter zum Ein- und Ausschalten der Tannenbaumbeleuchtung

Thema der Unterrichtseinheit
Wir konstruieren einen beleuchteten Tannenbaum zur Fensterdekoration

Lernziel:

In der Auseinandersetzung mit den Funktionen der Bauteile eines beleuchteten Tannenbaummodells aus Holz lernen die SuS[1] den Einsatz elektrischer Energie und die Umwandlung in andere Energiearten kennen. Ihrem individuellen Entwicklungsstand entsprechend erarbeiten sie sich grundlegende Kenntnisse zur Funktion einzelner Bauteile und deren Wirkungsweise. Dieses Wissen ermöglicht den SuS die Einsicht in die sie umgebenden elektrischen Geräte und der darin bestehenden Gefahren. Durch problemorientierte Handlungen entdecken sie selbstständig Vor- und Nachteile bei der Vernetzung elektrischer Bauteile und überwinden Fehlerquellen. Die SuS erwerben Fertigkeiten im Umgang mit Werkzeugen wie der Laubsäge und der Feile und schulen ihre motorischen Fähigkeiten beim Zusammensetzen von elektrischen Kleinteilen und dem Zeichnen von Schaltskizzen. Diese fördern auch das räumliche Denken und das Umsetzen von dreidimensionalen Gegenständen in zweidimensionale Symbole. Durch das gemeinsame Problemlösen werden die SuS in ihrem Sozialverhalten gefördert.

Thema der Unterrichtsstunde
Wir benötigen einen Schalter zum Ein- und Ausschalten der Tannenbaumbeleuchtung

Lernziel:

Die SuS konstruieren, ihrem individuellen Lernstand entsprechend, einen oder mehrere Schalter, um ihre Tannenbaumbeleuchtung ein- und auszuschalten. Sie erkennen, dass durch einen Schalter der Stromkreis unterbrochen wird. Die SuS beschreiben und erläutern die Funktion eines Schalters, indem sie ihre Eigenproduktion vorstellen. In Kooperation mit einem Partner tauschen sie ihre Ideen aus und fördern damit das Problemlösen, das Kommunizieren und Argumentieren im naturwissenschaftlichen Kontext.

---

[1] Ich verwende in diesem Unterrichtsentwurf durchgängig die Abkürzung „SuS" für „Schülerinnen und Schüler".

Inhaltsverzeichnis

1. Lernvoraussetzungen 4
   1.1. Beschreibung der Lerngruppe 4
   1.2. Arbeits-, Lern- und Sozialverhalten 4
   1.3. Methodische Voraussetzungen 4
   1.4. Fachliche Voraussetzungen 5
2. Sachanalyse 6
3. Didaktische Überlegungen 8
   3.1. Didaktische Überlegungen zur Unterrichtseinheit 8
   3.2. Didaktische Überlegungen zur Unterrichtsstunde 9
4. Methodische Überlegungen 11
5. Literaturverzeichnis 14
6. Anhang 16
   6.1. Aufbau der Unterrichtseinheit 16
   6.2. Tippkarten 18
   6.3. Schaltertypen 22
      6.3.1. Stellschalter 22
      6.3.2. Drückschalter 23
   Stundenverlaufsplan, 9.00 – 9.45 Uhr 24

1. Lernvoraussetzungen

1.1. Beschreibung der Lerngruppe

Die Klasse 4 hat sich zu Beginn des 3. Schuljahres aus SuS von zwei jahrgangsgemischten Eingangsklassen zusammengesetzt. Im 2. Halbjahr des 3. Schuljahres kamen zwei Schüler zur Klasse dazu. Es sind insgesamt 18 Schüler, davon 10 Mädchen und 8 Jungen. Viele SuS haben einen Migrationshintergrund, beherrschen aber (bis auf M. und M.) durchweg die deutsche Sprache gut bis sehr gut. Seit Beginn des 3. Schuljahres unterrichte ich eigenverantwortlich alle 4 Stunden des Sachunterrichts.

1.2. Arbeits-, Lern- und Sozialverhalten

Die SuS haben ein großes Interesse am Sachunterricht und bisher sehr engagiert mitgearbeitet. Im Sitz(halb)kreis beteiligen sich i.A. alle SuS rege. Die Lerngruppe ist sehr heterogen und auch in ihrem Lerntempo sehr unterschiedlich. Einige SuS beteiligen sich durchgehend und sehr aktiv am Unterrichtsgeschehen. Einige SuS arbeiten ebenfalls ausdauernd und regelmäßig mit, halten sich mit mündlichen Beiträgen jedoch eher zurück. Es gibt auch SuS, die sich stark im Unterricht beteiligen, deren Wortbeiträge jedoch nicht unbedingt eine Weiterentwicklung der Sache bewirken. Im Sachunterricht wird seit der 3. Klasse nahezu ausschließlich in Partner- oder Gruppenarbeit miteinander gearbeitet. Die Zusammensetzung der Gruppen erfolgte nach verschiedenen Möglichkeiten. Die gemeinsame Arbeit erfolgt zunehmend besser und partnerschaftlicher.

1.3. Methodische Voraussetzungen

Die SuS sind es gewohnt, im Sitzk(halb)reis ein Thema neu zu erarbeiten, einer Präsentation zu folgen oder Ergebnisse zusammenzutragen. Im Verlauf der Stromeinheit experimentierten die SuS sehr selbständig mit einer Experimentierbox, die bereits alle Gegenstände der gesamten Stromeinheit enthält, so dass die SuS nicht nach genau festgelegten Anleitungen arbeiteten und auch eigene Ideen untersuchen konnten. Die SuS führten Experimente im Plenum vor. Das Tannenbaummodell aus Holz wurde von den SuS mit einer Laubsäge selbst ausgesägt und von der Lehrkraft Löcher für die Lämpchen herausgebohrt. Die Lichterketten wurden von jeder Partnergruppe in der vorhergehenden Stunde nach den Erfahrungen mit Parallel- und Reihenschaltung zusammengesetzt und im Holzmodell festgeklebt. Während der Einheit wurden jeweils zu Beginn der Woche die Partnerteams neu gebildet durch

Ziehen von Memory-Karten. Die SuS sind es gewohnt, sich gleich zu Beginn der Stunde mit ihrem Wochenpartner zusammenzusetzen.

1.4. Fachliche Voraussetzungen

Die SuS sind für Sachthemen motiviert und zeigen Interesse und Freude daran. Das Thema Strom ist in den zurückliegenden Schuljahren noch nicht behandelt worden, jedoch verfügen alle SuS über Alltagserfahrungen mit Elektrizität, die sehr heterogen und unstrukturiert sind. Die Einheit ist darauf angelegt, allen SuS einen grundlegenden Kenntnisstand über die Nutzung von Strom sowie Fähigkeiten im Experimentieren und der Erstellung von technischen Schaltskizzen zu vermitteln. Aufgrund des täglichen Umgangs mit Strom wurden in der Einheit Gefahren und Wirkungen des elektrischen Stroms herausgearbeitet. Der Unterschied zwischen Strom aus der Steckdose und der Batterie wurde thematisiert und ausdrücklich ein Experimentieren mit Netzstrom untersagt. Die SuS haben in den vorhergehenden Stunden bereits die Experimentierbox kennengelernt und damit selbständig einen Stromkreis erstellt, Gegenstände auf elektrische Leitfähigkeit überprüft und die Unterschiede der Reihen- und Parallelschaltung mit ihrer Bedeutung für die Tannenbaumbeleuchtung sowie Schaltskizzen erarbeitet. Schalter haben die SuS zwar im Alltag bereits erfahren, jedoch in dieser Einheit noch nicht kennengelernt und auch nicht angewendet. Durch die Handlungsorientierung und spätere Verwendbarkeit des beleuchteten Tannenbaums haben die SuS ein großes Interesse daran, zu verstehen, wie die einzelnen Bauteile funktionieren und können grundlegende elektrische Gegebenheiten beschreiben, allerdings nicht unbedingt auch gedanklich vollständig durchdringen.[2]
Bauanleitungen haben nur einige SuS bisher beim Bauen eines Stromprüfgerätes kennengelernt, in anderen Fächern jedoch mit Bildergeschichten und der Kombination aus Bild und Text gearbeitet.

---

[2] (z.B. Parallel- und Reihenschaltung) Dies ist mir bewusst, aufgrund der dahinterstehenden Fachkenntnisse (Spannung, Stromstärke, Widerstand) jedoch von SuS der 4. Klasse nicht leistbar und auch nicht gewollt, denn es ist im Alltag zunächst nur wichtig zu wissen, dass bei einer Reihenschaltung durch Erlöschen eines Lämpchens auch alle anderen Lämpchen ausgehen, während dies bei der Parallelschaltung nicht erfolgt. Tiefergehende Kenntnisse werden in der Sekundarstufe erarbeitet, die Vorkenntnisse dazu in der Grunschule. (HKM, S. 13, s. auch: GdSU, S. 2)

2. Sachanalyse

Ein einfacher Stromkreis besteht aus einer Energiequelle (z.B. Batterie), einem elektrischen Leiter (z.B. Draht[3]) und einem elektrischen Widerstand[4] (z.B. Lampe). Um den Stromkreis zu schließen, wird ein Pol einer Batterie durch einen Draht mit einem Verbraucher und durch einen weiteren Draht mit dem zweiten Pol der Batterie verbunden.[5] Im geschlossenen Stromkreis bewegen sich Ladungsteilchen, Elektronen[6], durch den elektrischen Leiter, nachdem sie von einer Energiequelle angestoßen werden. Diese Bewegung nennt man den elektrischen Strom (auch: Elektronenstrom).[7] Mithilfe des Elektronenstroms wird elektrische Energie transportiert und in einem Verbraucher in eine andere Energieform umgewandelt. Die Elektronen gehen dabei nicht verloren, sondern sind die Träger der Ladung.[8] Um einen Stromfluss zu erzeugen, wird die Verteilung der Ladungen verändert und die Elektronen werden von den zugehörigen Atomen getrennt, so dass sie als freie Ladung innerhalb eines elektrischen Leiters beweglich sind. Elektrische Leiter sind v.a. Metalle, z.B. Aluminium oder Kupfer.[9] In der Schule verwendet man i.A. Batterien, bei denen es durch eine chemische Reaktion zu einem Elektronenüberschuss am Minuspol kommt.[10] Verbindet man beide Pole durch einen elektrischen Leiter miteinander, wandern die überschüssigen Elektronen des Minuspols zum Pluspol, um einen Konzentrationsausgleich zwischen beiden Polen herzustellen.[11] Sobald an beiden Polen gleich viele Elektronen vorhanden sind, ist die Batterie „leer" bzw. entladen.[12] In einem geschlossenen Stromkreis die Stromstärke überall gleich groß, da die Anzahl der Elektronen, die an einer beliebigen Stelle des Stromkreises in einer bestimmten Zeit vorbeifließen, immer gleich groß ist.[13] Ein Widerstand (z.B. Lampe) verringert die Anzahl der Elektronen, die eine bestimmte Stelle innerhalb einer bestimmten Zeit passieren, die Stromstärke nimmt ab.

---

[3] Im Unterricht wird anstelle von „Draht" die Bezeichnung „Kabel" verwendet, da es sich bei unserem verwendeten Material um einen kunststoff-ummantelten Draht handelt.
[4] Die Bezeichnung „Verbraucher" sollte vorsichtig verwendet werden, da sie sonst die falsche Alltagsvorstellung verstärkt, dass der in der Batterie befindliche Strom „verbraucht" wird und die Batterie schließlich „leer" ist. Tatsächlich wird aber die elektrische Energie verbraucht.
[5] Wiesner, Hartmut: Sachinformationen für die Lehrkraft, Teil 1. http://www.supra.grundschuldidaktik.uni-bamberg.de/lernfeld-natur-und-technik/elektrizitaet/sachinformationen-fuer-die-lehrkraft.html (Zugriff am 16.10.2011)
[6] Elektronen enthalten negative Ladungen, Protonen positive Ladungen und bilden zusammen ein nach außen neutrales Atom. In einem solchen Atom kommen gleich viele Elektronen wie Protonen vor. (Bender, S. 4)
[7] Bender, Iris: Die Strom-Werkstatt. Mülheim, 2007, S. 4
[8] Bender, S. 4
[9] weitere elektrische Leiter s. Berge, S. 4
[10] Berge, Otto Ernst: Ein spannender Tag. Elektrizitätslehre in der Grundschule. Demuth, R. (Hrsg.)/Janzen, Margot/Weschenfelder, Renate/Rieck, Karen. Leibniz-Insitut für Pädagogik der Naturwissenschaften an der Universität Kiel. 2004, S. 4
[11] Ist hier kein Verbraucher dazwischen geschaltet, kommt es zu einem Kurzschluss, die Batterie ist schnell entladen.
[12] Hoenecke, Christian/Kuschmann, Walther/Reupke, Hans-Joachim: Natur und Technik in der Grundschule. CVK-Lehrerheft Stromkreise. 2. Aufl., Berlin, 1981, S. 5
[13] Grygier, Patricia/Günther, Johannes/Kircher, Ernst (Hrsg.): Über Naturwissenschaften lernen. 2. Aufl., Hohengehren, 2007et al., S. 124: Dies ist vergleichbar einer Fahrradkette, deren Kettenglieder immer den gleichen Abstand und die gleiche Geschwindigkeit haben. Wird ein Widerstand (z.B. eine Lampe) in einen elektrischen Stromkreis eingebaut, wirkt sich dies auf alle Elektronen gleichermaßen aus, d.h. bei der Fahrradkette würden alle Kettenglieder gleichermaßen langsamer werden.

Um einen geschlossenen Stromkreis zu unterbrechen, gibt es verschiedene Möglichkeiten. Es kann direkt an der Energiequelle der leitende Draht von einem Pol der Batterie entfernt werden. Praktischer und im Alltag genutzt ist das Einbauen eines Schalters in den Stromkreis. Wird der Schalter geöffnet, dann ist die Verbindung zur Energiequelle an einer Stelle unterbrochen und es fließt kein Strom mehr.[14]

Es gibt verschiedene Schaltertypen, die nach zahlreichen Merkmalen, z.B. konstruktiven oder Nutzungsmerkmalen, unterschieden werden können. Im Folgenden erläutere ich zwei Schaltertypen, die im Alltag gebräuchlich sind und sich nach der Nutzungsart deutlich voneinander unterscheiden.[15]

Ein Druckschalter[16] schließt den Stromkreis nur so lange, wie er gedrückt bleibt, und kehrt nach Wegnahme der Betätigung wieder in die Ruhestellung zurück,[17] z.B. Klingel, Stabmixer. Man kann ihn selbst herstellen, indem man einen Metallstreifen (oder eine Büroklammer) an einer Seite hochbiegt und die andere Seite mit einem metallischen Reißwecken an einem Leitungsdraht anschließt. Durch Drücken auf das hochgebogene Ende wird ein Kontakt zum zweiten Leitungsdraht hergestellt und damit der Stromkreis geschlossen.[18]

Ein Stellschalter[19] schließt den Stromkreis so lange, bis der Schalter wieder gezielt betätigt wird. Er behält die Position, in die er bei Betätigung eingestellt wird, bis zur erneuten Betätigung stabil bei. Beispiele: Staubsauger, Schreibtischlampe. Ein Stellschalter kann wie folgt hergestellt werden: Das eine Ende einer Schnellhefter-Klammer aus Metall wird mit einem Reißwecken am Leitungsdraht befestigt. Das andere Ende ist beweglich und schließt durch Bewegen zu einem weiteren Reißwecken, der mit dem zweiten Draht verbunden ist, den Stromkreis.[20]

Schalter dienen nicht nur zum Ein- oder Ausschalten von Verbrauchern, sondern auch der Sicherheit beim Bedienen von Maschinen: Beispielsweise erfordert die Heckenschere das gleichzeitige Drücken zweier Tastschalter, die hintereinander in Reihe geschaltet sind, um arbeiten zu können, so dass beim Loslassen eines Schalters der Stromkreis nicht mehr geschlossen ist und die Maschine sich selbst ausschaltet.[21]

---

[14] http://www.mint-hamburg.de/Handreichungen/Physik.pdf (Zugriff am 16.10.2011)
[15] Bilder dieser Schalter befinden sich im Anhang 6.4.
[16] hier ist auch die Bezeichnung Tastschalter, Klingelschalter u.a. üblich, ich habe mich für „Druckschalter" entschieden, da dies für die SuS die Bewegung – etwas von oben nach unten drücken – gut verdeutlicht
[17] http://de.wikipedia.org/wiki/Schalter_%28Elektrotechnik%29 (Zugriff am 19.10.2011)
[18] http://www.mint-hamburg.de/Handreichungen/Physik.pdf (Zugriff am 16.10.2011)
[19] üblich sind auch folgende Bezeichnungen: Kippschalter, Wippschalter, für „Stellschalter" habe ich mich entschieden, da im Modell meist eine Büroklammer verstellt wird
[20] http://www.mint-hamburg.de/Handreichungen/Physik.pdf (Zugriff am 16.10.2011); weitere Möglichkeiten sind auf den Tippkarten im Anhang genannt und stehen den SuS als Bauanleitungen zur Verfügung
[21] http://www.mint-hamburg.de/Handreichungen/Physik.pdf

3. Didaktische Überlegungen

3.1. Didaktische Überlegungen zur Unterrichtseinheit

Weihnachten steht vor der Tür, und in vielen Fenstern leuchten Lichterketten und blinken Figuren. Auch nicht-christliche Kinder erfreuen sich an diesen elektrischen Dekorationen.[22] Es gibt sie in vielen Geschäften zu kaufen. Aber – wie funktionieren sie? Warum erlöschen viele Lichterketten, sobald ein einziges Lämpchen verglüht ist? Das wird in dieser Unterrichtseinheit untersucht, und durch das eigenständige Bauen eines beleuchteten Tannenbaummodells aus Holz wird der Bezug zum Alltag hergestellt und der elektrische Strom in einem Zusammenhang mit dem eigenen Tun gebracht.[23] Dabei erweitern die SuS nicht nur ihre fachlichen Kompetenzen, sondern erwerben Fertigkeiten im Umgang mit Werkzeugen wie der Laubsäge und der Feile und schulen ihre motorischen Fähigkeiten beim Zusammensetzen von elektrischen Kleinteilen und dem Zeichnen von Schaltskizzen.

Passend zum 1. Advent stehen die leuchtenden Tannenbäume in den Klassenzimmerfenstern und motivieren die SuS schon vom ersten Tag der Einheit an, sich die notwendigen Kenntnisse zum elektrischen Strom anzueignen, um ein eigenes Leuchtobjekt zu fertigen. Dies ermöglicht einen handlungsorientierten Unterricht, bei der sich die handelnde Person ihres Tuns in allen Phasen bewusst ist und daher planvoll handelt.[24] Der Unterricht ist an den Interessen und Problemen der SuS orientiert, dabei liegt ein Schwerpunkt auf dem entdeckenden Lernen, da es den SuS ermöglicht, Informationen durch eigenständige und problemlösende Aktivitäten selbst zu erwerben und damit nachhaltiger in ihr vorhandenes Wissensnetz zu integrieren.[25]

In der Kooperation mit einem Partner werden Rücksichtnahme und Teamfähigkeit gefördert und damit die Sozialkompetenz erweitert.[26] Die Problemlösekompetenz wird durch das gemeinsame Bearbeiten der Fragestellungen, die Planung des Vorgehens und die Reflexion der Ergebnisse verbessert und fördert durch die erfolgreiche Lösung der Aufgaben auch die Personale Kompetenz[27].

Elektrischer Strom ist allgegenwärtig und stellt daher ein Basiskonzept[28] des Sachunterrichts dar, aber das Wissen darüber ist eher ein Halbwissen und basiert oft auf falschen Alltagsvorstellungen – ist elektrischer Strom das Gleiche wie elektrische

---

[22] „Die Verwendung des Christbaumes hat keinen historisch nachweisbaren Anfang, sondern findet in Bräuchen verschiedener Kulturen ihren Ursprung. Immergrüne Pflanzen verkörperten Lebenskraft, und darum glaubten die Menschen in früheren Zeiten, sich Gesundheit ins Haus zu holen, wenn man sein Zuhause mit Grünem schmückte." Aus: http://de.wikipedia.org/wiki/Weihnachtsbaum (Zugriff am 20.10.2011)
[23] Hessisches Kultusministerium (HKM): Kerncurriculum Hessen Primarstufe. Wiesbaden, 2011, S. 12
[24] Kaiser, Astrid (Hrsg.): Lexikon Sachunterricht. Hohengehren/Baltmannsweiler, 2008, S. 82
[25] Kaiser, S. 37f.
[26] HKM, S. 10
[27] HKM, S. 9
[28] HKM, S. 14

Energie, die der Stromrechnung zugrunde liegt?, leuchtet das Lämpchen, weil aus beiden Batterieanschlüssen Elektrizität zum Lämpchen fließt? – und Vermutungen, die mit vagen Erinnerungen an die Schulzeit zu tun haben.

Die Nutzung von Energie bedeutet jedoch auch, die „Verantwortung für sich und die Umwelt"[29] zu übernehmen, daher ist es notwendig, eine Einsicht in physikalische Grundprinzipien[30] wie dem elektrischen Stromkreis und der Wirkungsweise von Strom zu ermöglichen und sich auch der Gefahren und Probleme der Nutzung von Strom bewusst zu werden.

Aus der Kenntnis grundlegender technischer Errungenschaften entsteht ein Verständnis für technische Funktionsweisen und den Nutzen insbesondere elektrischer Geräte im Alltag.[31] Dabei werden die Vorerfahrungen und Kenntnisse der SuS berücksichtigt und durch neue Erfahrungen sowohl erweitert als auch Präkonzepte ersetzt. Die fachlichen Kompetenzen werden durch Experimentieren anhand von technischen Fragestellungen, Dokumentieren in Schaltskizzen, Überprüfen von Materialien und deren sinnvoller Verwendung entwickelt und erweitert. Dabei wird genaues Beobachten und Vergleichen, Konstruieren und Planen geschult und Problemstellungen, die sich beim Erstellen eines beleuchteten Tannenbaummodells ergeben, von den SuS handelnd und entdeckend gelöst.[32]

In dieser Unterrichtseinheit wird von „Experimenten" gesprochen. Nach Grygier/Hartinger[33] setzen Experimente eine Fragestellung und selbstständige Bearbeitung voraus. Beim „Laborieren" leistet der Lehrer Hilfe, indem beispielsweise gezeigt wird, welcher Versuch geeignet ist, die Frage zu beantworten.[34] In der Unterrichtseinheit wird daher sowohl experimentiert (das Entwickeln eines geschlossenen Stromkreises, eines Schalters, einer Reihenschaltung, das Überprüfen der Leitfähigkeit mit einem selbstgebauten Stromprüfgerät) als auch laboriert (mithilfe von Bauanleitungen zum Stromprüfgerät, Parallelschaltung, Schalter für einige SuS). Ich verwende jedoch durchgehend das Wort „Experiment" sowie „experimentieren".

3.2. Didaktische Überlegungen zur Unterrichtsstunde

Dies ist die 14. Stunde der Unterrichtseinheit. Die SuS haben vielfältige Grundkenntnissse zum elektrischen Strom erworben und mit der Laubsäge ihren hölzernen Tannenbaum ausgesägt. In der vorhergehenden Stunde wurde die

---

[29] HKM, S. 15
[30] HKM, S. 19; Gesellschaft für Didaktik des Sachunterrichts (GdSU): Perspektivrahmen Sachunterricht. 2002, S. 15
[31] HKM, S. 20; GdSU, S. 8
[32] HKM, S. 17f.
[33] Grygier, Patricia/Hartinger, Andreas: Gute Aufgaben Sachunterricht. Berlin, 2009, S. 13
[34] Grygier/Hartinger, S. 14f.

Parallelschaltung als zweckmäßig für die Lichterkette erfahren und diese in das Holzmodell eingebaut. Durch das Anschließen an die Batterie konnte der Stromkreis geschlossen werden und der Tannenbaum leuchtete. In dieser Stunde wird herausgearbeitet, wie durch einen Schalter das Ein- und Ausschalten erleichtert und auch über größere Entfernungen ermöglicht werden kann.

Elektrische Schalter sind im Alltagsleben sehr nützlich und begegnen uns an vielen Stellen. Für die SuS ist das Betätigen von Schaltern selbstverständlich und wird nicht hinterfragt. Daher ist die Untersuchung der Wirkungsweise und Funktion von Schaltern sinnvoll, um Themen wie Energiesparen (Abschalten) oder Sicherheitsaspekte (Druckschalter zur Vermeidung gefährlicher Verletzungen, Sicherungen im Sicherungskasten) zu verstehen und Gefahren bei Defekten erkennen zu können.

Moderne Schalter sind in ihrem Aufbau oft nur schwer zu durchschauen. Teilweise sind sie sogar vollständig in Kunststoff eingeschweißt. Zur Erklärung realer Schalter eignen sich daher eher ältere Schaltermodelle, doch auch diese sind nur schwer nachbaubar.[35] Ich habe mich daher dafür entschieden, „echte" Schalter in dieser Stunde nicht zu thematisieren und erst in der folgenden Stunde von den selbstgebauten Modellen auf diese Schalter überzuleiten und sie miteinander zu vergleichen (Funktionsweise und Konstruktion).

Durch das entdeckende und eigenständige Konstruieren von Schaltern können die SuS ihre Kreativität entfalten und ohne Vorgaben experimentieren und entwickeln. Das zur Verfügung stehende Material in der Experimentierbox ist vielfältig und kann unterschiedlich miteinander kombiniert werden.[36] Aus Sicherheitsgründen wird eine 4,5V-Flachbatterie verwendet. Die Materialien sind teilweise Alltagsmaterialien; dabei bedeutet „Alltagsmaterial" keineswegs, dass die SuS damit täglich umgehen, sondern dass es sich dabei um Gegenstände handelt, die leicht erhältlich, preiswert und im Leben (Erwachsener) verbreitet sind.[37]

SuS, denen es schwerfällt, sich diese Gegenstände als Schalter vorzustellen, können in der Arbeitsphase ausschließlich mit den Tippkarten arbeiten und die Bauanleitungen darauf nachbauen. Dabei werden durch das eigene Tun naturwissenschaftliche Inhalte eher verstanden[38] und auch beim Experimentieren nach Anleitung sind die SuS gefordert, Erklärungen für ihre Beobachtungen zu finden und Fragestellungen zu

---

[35] Wiesner, SUPRA
[36] einige Konstruktionsmöglichkeiten werden in 2.Sachanalyse beschrieben, evtl. können die SuS weitere erfinden
[37] Es ist jedoch nicht notwendig, die Funktion der Wäscheklammer zu kennen, um beim Experimentieren festzustellen, dass durch Auseinander- oder Zusammendrücken ein Kontakt und damit evtl. auch ein elektrischer Stromkreis geschlossen wird. Vielleicht ist es sogar von Vorteil, einen Gegenstand neutral und ohne eine Vorstellung dazu zu betrachten und sich zu überlegen, wie er eingesetzt werden könnte, um das anstehende Problem zu lösen.
[38] Grygier/Hartinger, S. 12

beantworten. Sie erweitern ihre Kompetenzen im Verstehen und Nachvollziehen von Arbeitsanleitungen. Die Bauanleitungen enthalten sowohl schriftliche als auch bildliche Beschreibungen, die sich gegenseitig ergänzen und das Verständnis erleichtern sollen. Die Differenzierung durch Tippkarten hilft zunächst den schwächeren SuS und ermöglicht ihnen einen Lerngewinn. Die Tippkarten stehen jedoch auch den stärkeren SuS hilfreich zur Verfügung, die zusätzlich noch weitere Schalter konstruieren und untersuchen können.

Die SuS arbeiten in dieser Stunde in Partnerarbeit. Dies fördert die Sozialkompetenz und ermöglicht den Austausch von neuen Ideen und Wissen aus vorangegangenen Stunden. In der Zweiergruppe ist ein Ausweichen aus der gemeinsamen Arbeit schwieriger, weil dabei jeder mitarbeiten muss. Die Partnerarbeit ist gerade beim Experimentieren der Einzelarbeit vorzuziehen, da einige SuS motorisch oder kognitiv mit der Aufgabenstellung überfordert sind und mit einem Partner produktiver sein können und damit auch einen Zuwachs an Personaler Kompetenz erreichen.

In der Reflexion präsentieren die Partnergruppen ihre selbstgebauten Schalter und erläutern ihren Aufbau und Wirkung. Die Vorstellung und möglichst daran anschließende Diskussion fördert das Verständnis der SuS für weitere Konstruktionsmöglichkeiten und regt ihre Kreativität an, selbst noch Ideen zu entwickeln. Die unterschiedliche Wirkungsweise wird thematisiert, um für das eigene Tannenbaummodell zu überlegen, ob eine dauerhafte Beleuchtung oder eher ein Blinken (durch wiederholtes Drücken des Schalters) gewünscht wird.

Mit dem Einbau eines Schalters ist der beleuchtete Tannenbaum fertig und wird ab dem 1. Advent im Klassenzimmer am Fenster stehen.

4. Methodische Überlegungen

Die Begrüßung erfolgt ritualisiert. Ich bitte die SuS in den Sitzkreis, da dies eine angenehme Gesprächsatmosphäre bewirkt und alle SuS einen guten Blick auf ihre Mitschüler und die Kreismitte haben.[39] Ohne Ablenkung durch Material auf ihren Tischen oder dem Blick aus dem Fenster können die SuS sich auf den Unterrichtsinhalt konzentrieren.

Eine Hinführung zum Problem erfolgt, indem ich einen Schüler[40] bitte, das Licht im Klassenraum vollständig auszuschalten. Da es erst 9.00 Uhr ist, wird es in der Klasse nun ziemlich dunkel sein. Ein weiterer Schüler wird gebeten, das von mir auf dem

---

[39] Mattes, Wolfgang: Methoden für den Unterricht: Kompakte Übersichten für Lehrende und Lernende. Braunschweig/Paderborn/Darmstadt, 2011, S. 108
[40] die Bezeichnung „Schüler" steht im Folgenden für „Schüler oder Schülerin"

hohen Fenstersims platzierte Tannenbaummodell anzuschalten. Dies schafft eine Spannung auf das Folgende und verstärkt die Motivation für das Thema. Dabei habe ich bewusst die Formulierung „an-/ausschalten" verwendet, um auf den Begriff „Schalter" hinzudeuten.

Um das Modell zu beleuchten, muss der Schüler auf einen Stuhl steigen. Da dies mühsam ist, diskutieren die SuS über Vorteile des Einbaus eines Schalters und dessen Funktion. Im handlungsorientierten Unterricht ist der Unterricht an Problemen der SuS orientiert und ermöglicht den SuS, diese durch Eigenaktivität zu lösen.[41] An passender Stelle werde ich darum bitten, das Licht im Klassenraum wieder anzuschalten.

Alternativ hätte ich auch einige fertige Schalter in die Kreismitte legen können, um das Thema einzuführen, und an diesen Schaltern die Funktionsweisen besprochen. Ich habe mich dagegen entschieden, da ich es für zu schwierig halte, mit Alltagsmaterialien vergleichbare Schalter selbst zu bauen, zumal die SuS mit dem freien Experimentieren erst in dieser Einheit begonnen haben. Daher würden „echte" Schalter sie eher verwirren und ihre Kreativität beschränken.

Die SuS können eigene Ideen für die Konstruktion von Schaltern durch das Hinlegen von benötigtem Material vorstellen, wobei nicht gezeigt wird, wie das Material zusammengebaut wird, um zu vermeiden, dass a) SuS ihre eigenen Ideen zurückstellen und etwas nachmachen, b) die Konstruktion eines Schalters zu lange Zeit in Anspruch nimmt, c) einige SuS nicht verstehen, wie der Schalter gebaut wird und daher für sie kein Lerngewinn in dieser Aktivität steckt. Das vorgestellte Material kann aber als Anregung dienen und eigene Gedanken fördern. Daher wird von mir nur die Frage gestellt, ob die SuS sich vorstellen können, wie ein Schalter mit diesem Material aussehen könnte. Nach Möglichkeit erfolgt die Vorstellung eines weiteren Schalters mit anderem Material nach gleichem Muster.

Alternativ bzw. sollte kein Schüler eine Idee haben, werde ich selbst Material bereitlegen, um einen einfachen Schalter (der auf einer Tippkarte genauer erläutert wird) zu konstruieren. Ggfs. könnte daran auch ein Zurechtlegen der Teile anschließen, falls die SuS sich einen Schalter damit nicht vorstellen können. Dann werde ich eine Tippkarte vorzeigen und den SuS erklären, dass sie einen solchen Schalter nachbauen und dann vielleicht noch eine eigene Idee entwickeln können. Dabei würde es sich jedoch um ein Nachbauen handeln und dem Gedanken des freien Experimentierens widersprechen, so dass diese Möglichkeit nur von wenigen SuS genutzt werden sollte.

---

[41] Kaiser, S. 82

Die Arbeitsphase wird eingeleitet, indem ich den SuS erkläre, dass sie nun einen Schalter mit den Materialien der Experimentierbox und einem Holzbrettchen selbst bauen können. Das Holzbrettchen ist den SuS aus der Untersuchung zur Leitfähigkeit bekannt, sonst jedoch noch nicht eingesetzt worden, und könnte daher für Irritation und Nichtverwendung führen. Dies werde ich während der Arbeitsphase mit den entsprechenden SuS klären und sie auf die bessere Fixierung und Haltbarkeit hinweisen, die das Brettchen ermöglicht.

Noch im Sitzkreis erläutere ich die Tippkarten, die verschiedene Bauanleitungen von Schaltern enthalten. Den SuS wird freigestellt, ob sie mit einer Tippkarte oder einer Eigenkonstruktion beginnen möchten.

Die SuS arbeiten mit ihrem Partner an einem Tisch zusammen, auf dem sich bereits die Experimentierbox und ihre Tannenbaummodelle zum Ausprobieren und Befestigen der Schalter befinden. Da jede Gruppe 2 Modelle zur Verfügung hat, fördert dies die Konstruktion zweier verschiedener Schalter, und ein funktionierender Schalter muss nicht wieder ausgebaut werden. SuS, die noch weitere Schalter entwickeln, können Zusatzmaterial erhalten und dieses auf Brettchen befestigen.

In der Reflexion kommen die SuS erneut im Sitzkreis zusammen. Die Schalter bleiben zunächst am Arbeitsplatz. Dadurch wird vermieden, dass die Konstruktionen beschädigt werden. Einzelne Partnergruppen holen vorsichtig ihren Schalter und legen ihn in die Mitte des Sitzkreises auf einen Tisch, so dass alle SuS ihn gut betrachten können. Anhand des Schalters erläutern die SuS dessen Funktionsweise und Schwierigkeiten bei der Anfertigung. Da wenigstens zwei, möglicherweise weitere, verschiedene Schalter vorgestellt werden sollten, führt dies zu einer Diskussion, an der sich auch die anderen SuS beteiligen können, und in deren Verlauf (durch teilweise lehrergelenkte Fragen) über die spezielle Verwendung der Schalter in Bezug auf das Beleuchten des Tannenbaums gesprochen wird.

Im Ausblick auf die kommende Stunde wird die Fortsetzung der Unterrichtseinheit erläutert. Ich bedanke mich bei den SuS, verabschiede mich von ihnen und verlasse mit den Gästen den Klassenraum.

5. Literaturverzeichnis

Bender, Iris: Die Strom-Werkstatt. Mülheim, 2007

Berge, Otto Ernst: Ein spannender Tag. Elektrizitätslehre in der Grundschule. Hrsg. von Demuth, Reinhardt/Janzen, Margot/Weschenfelder, Renate/Rieck, Karen. Leibniz-Insitut für die Pädagogik der Naturwissenschaften an der Universität Kiel. 2004

Gesellschaft für Didaktik des Sachunterrichts (GdSU): Perspektivrahmen Sachunterricht. 2002

Grygier, Patricia/Günther, Johannes/Kircher, Ernst (Hrsg.): Über Naturwissenschaften lernen. 2. Aufll., Hohengehren, 2007

Grygier, Patricia/Hartinger, Andreas: Gute Aufgaben Sachunterricht. Berlin, 2009

Hessisches Kultusministerium (HKM): Kerncurriculum Hessen Primarstufe. Wiesbaden, 2011

Hoenecke, Christian/Kuschmann, Walther/Reupke, Hans-Joachim: Natur und Technik in der Grundschule. CVK-Lehrerheft Stromkreise. 2. Aufl., Berlin, 1981

Kaiser, Astrid (Hrsg.): Lexikon Sachunterricht. Hohengehren/Baltmannsweiler, 2008

Mattes, Wolfgang: Methoden für den Unterricht: Kompakte Übersichten für Lehrende und Lernende. Braunschweig/Paderborn/Darmstadt, 2011

Web-Links:

Wiesner, Hartmut: Sachinformationen für die Lehrkraft, Teil 1.
http://www.supra.grundschuldidaktik.uni-bamberg.de/lernfeld-natur-und-technik/elektrizitaet/sachinformationen-fuer-die-lehrkraft.html (Zugriff am 16.10.2011)

http://www.mint-hamburg.de/Handreichungen/Physik.pdf (Zugriff am 16.10.2011)

http://de.wikipedia.org/wiki/Schalter_%28Elektrotechnik%29 (Zugriff am 19.10.2011)

http://de.wikipedia.org/wiki/Weihnachtsbaum (Zugriff am 20.10.2011)

http://www.google.de/imgres?imgurl=http://193.196.117.23/projekte/WS05-Lautstaerkersteuerung/images/conrad-700223-wippschalter_0-i_2_polig[1].jpg&imgrefurl=http://193.196.117.23/projekte/WS05-Lautstaerkersteuerung/vorteilnachteil.html&usg=__heLWnE4BwolBjLMziq6UImVhrIA=&h=235&w=256&sz=8&hl=de&start=2 06&zoom=1&tbnid=dUH_yowOhW2C6M:&tbnh=144&tbnw=157&ei=D0StTubnK4nO4Q SC9d2KDw&prev=/search%3Fq%3Dwippschalter%26start%3D206%26num%3D10%2 6um%3D1%26hl%3Dde%26client%3Dfirefox-a%26rls%3Dorg.mozilla:de:official %26channel%3Ds%26biw%3D1848%26bih%3D947%26output%3Dimages_json%26tb m%3Disch&chk=sbg&um=1&itbs=1&iact=rc&dur=514&sig=10244219770787358 9418& sqi=2&page=5&ndsp=51&ved=1t:429,r:28,s:206&tx=88&ty=76 (Zugriff am 30.10.2011)

http://www.google.de/imgres?imgurl=http://193.196.117.23/projekte/WS05-Lautstaerkersteuerung/images/conrad-700223-wippschalter_0-i_2_polig[1].jpg&imgrefurl =http://193.196.117.23/projekte/WS05-Lautstaerkersteuerung/vorteil nachteil.html&usg=__heLWnE4BwolBjLMziq6UImVhrIA=&h=235&w=256&sz=8&hl=de

&start=206&zoom=1&tbnid=dUH_yowOhW2C6M:&tbnh=144&tbnw=157&ei=D0StTubn K4nO4QSC9d2KDw&prev=/search%3Fq%3Dwippschalter%26start%3D206%26num% 3D10%26um%3D1%26hl%3Dde%26client%3Dfirefox-a%26rls%3Dorg.mozilla :de:official%26channel%3Ds%26biw%3D1848%26bih%3D947%26output%3Dimages_j son%26tbm%3Disch&chk=sbg&um=1&itbs=1&iact=rc&dur=514&sig=10244219770787 3589418&sqi=2&page=5&ndsp=51&ved=1t:429,r:28,s:206&tx=88&ty=76 (Zugriff am 30.10.2011)

6. Anhang

6.1. Aufbau der Unterrichtseinheit

Sequenz	Unterrichtsthema	Lernziel der Unterrichtsstunde
1. Stunde	"Was ist Strom?" - Vorerfahrungen mit Strom und Einordnung der Stromgeräte in Gruppen	Die SuS entwickeln ein Bewusstsein für die unterschiedliche Wirkung der Elektrogeräte nach den Kategorien: Licht, Wärme/Kälte, Bewegung, Klang/Bild.
2. Stunde	a) Fortsetzung der Einordnung der Stromgeräte und b) Vorstellung des Tannenbaumprojekts	a) s.o. b) Die Vorstellung des Tannenbaums (ohne Lampen) soll die SuS motivieren, selbst eine Weihnachtsbeleuchtung zu erstellen und sich mit Elektrizität genauer zu befassen.
3./4. Stunde	"Woher kommt das Licht?" - Mit der Lampe experimentieren und dabei auch den Aufbau der Lampe kennenlernen	Die SuS erzeugen durch die Verbindung von Batterie und Lämpchen erstmals Licht. Durch das Experimentieren schulen sie ihre Sinne. Die SuS erkennen, dass der Strom von der Batterie durch die Glühlampe hindurch und wieder zur Batterie fließen muss, um die Glühlampe zum Leuchten zu bringen. Die SuS lernen den inneren Aufbau der Glühlampe anhand eines Pappmodells und einer zerschlagenen 100 W-Glühlampe genauer kennen, da sie ihn nur schwer in der 3,5 W-Glühlampe erkennen können.
5. Stunde	"Woher kommt unser Strom? Achtung - Hochspannung!" Gefahren des E-Stroms	Die SuS diskutieren Gefahren durch elektrischen Strom und erarbeiten Möglichkeiten des sicheren Umgangs mit Elektrizität.
6. Stunde	"Wir lassen den Strom fließen" - Einen einfachen Stromkreis bauen und in einem „Elektronenspiel" die Bewegung der Elektronen nachempfinden	Die SuS lernen, einen geschlossenen Stromkreis zu erstellen. Sie erarbeiten experimentell den Unterschied zwischen einem offenen und einem geschlossenen Stromkreis und agieren selbständig mit elektrischen Bauteilen. Durch das Nachspielen eines elektrischen Stromkreises wird eine adäquate physikalische Modellvorstellung aufgebaut.
7./8. Stunde	Was leitet den elektrischen Strom?	Die SuS lernen Leiter und Nichtleiter kennen, indem sie verschiedene Gegenstände in ihren selbstgebauten Stromkreis einsetzen.

9. Stunde	"Wir zeichen den Stromkreis mit elektrischen Zeichen auf" – Schaltskizzen	Die SuS erarbeiten erste Symboldarstellungen von elektrischen Zeichen und erstellen eine Schaltskizze ihres geschlossenen Stromkreises.
10. Stunde	Wir bauen eine Reihenschaltung und spielen diese im „Elektronenspiel" nach	Die SuS erstellen eine Lichterkette und erarbeiten daran die Problematik beim Ausfall einer Lampe. Im „Elektronenspiel" erleben die SuS selbst eine Begründung für die Verringerung der Helligkeit der Lämpchen bei einer Reihenschaltung.
11./12. Stunde	Die Parallelschaltung als Lösung für die Lichterkette	Die SuS erkennen, dass die Parallelschaltung eine Lösung für das Problem des Lampenausfalls bei der Reihenschaltung ist und konstruieren eine praktikable Lichterkette für ihren Tannenbaum.
13. Stunde	Wir basteln unseren Tannenbaum mit einer funktionierenden Lichterkette	Die SuS konstruieren aufgrund ihrer Vorkenntnisse einen funktionierenden Lichter-Tannenbaum..
14. Stunde	Wir benötigen einen Schalter zum Ein- und Ausschalten der Tannenbaumbeleuchtung	Die SuS konstruieren, ihrem individuellen Lernstand entsprechend, einen oder mehrere Schalter, um ihre Tannenbaumbeleuchtung ein- und auszuschalten. Sie erkennen, dass durch einen Schalter der Stromkreis unterbrochen wird. Die SuS beschreiben und erläutern die Funktion eines Schalters, indem sie ihre Eigenproduktion vorstellen. In Kooperation mit einem Partner tauschen sie ihre Ideen aus und fördern damit das Problemlösen, das Kommunizieren und Argumentieren im naturwissenschaftlichen Kontext.
15. Stunde	Schalter in unserer Klasse finden und Funktionsweise klären	Die SuS wenden ihre Erkenntnisse zum selbstgebauten Schalter auf die im Klassenraum befindlichen Schalter an und erklären deren Funktionsweise.
16./17. Stunde	"Alles klar?!" - Wie kann man Energie sparen, was benötigt besonders viel Energie	Die SuS diskutieren den Verbrauch von Energie und erarbeiten daran Energiespartipps.

6.2. Tippkarten

Baue einen Drück-Schalter mit einer Büroklammer

1. Biege die Büroklammer auseinander.

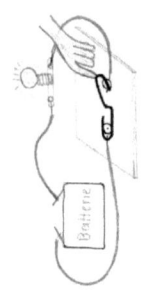

2. Stecke 2 Reißzwecken in das Brettchen und klemme unter jeden ein Kabel.

3. Klemme die Büroklammer nur auf einer Seite unter 1 Reißzwecken.

4. Drücke das hochstehende Ende der Büroklammer mit dem Finger nach unten.
   Was passiert?

Baue einen Stell-Schalter mit zwei Büroklammern

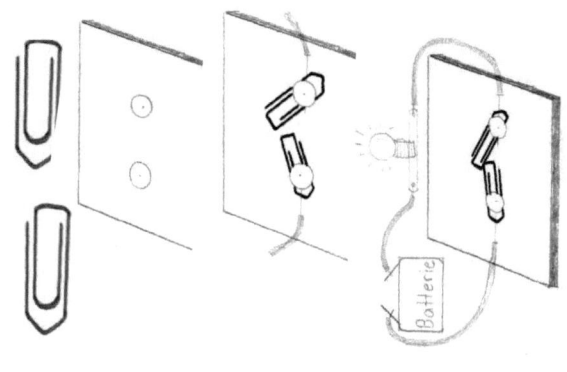

1. Stecke 2 Reißzwecken in das Brettchen.

2. Klemme unter die Reißzwecken die Kabel und die 2 Büroklammern.

3. Bewege die beiden Büroklammern so, dass sie sich berühren.
Was passiert?

Baue einen Stell-Schalter mit Metall-Lasche

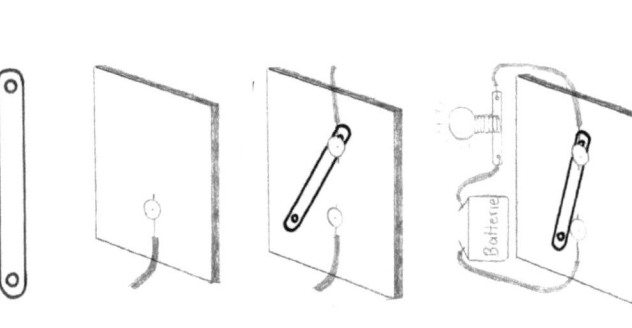

1. Stecke 1 Reißzwecken in das Brettchen. Klemme ein Kabel darunter.

2. Unter dem zweiten Reißwecken befestigst du die Metall-Lasche und das andere Kabel.

3. Bewege die Metall-Lasche zum Reißwecken. Was passiert?

Baue einen Drück-Schalter mit einer Wäscheklammer

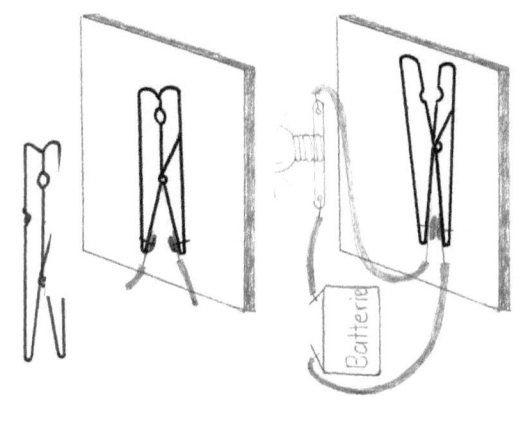

1. Stecke 2 Reißzwecken durch die Spitzen der Wäscheklammer.

2. Klemme die beiden Kabel darunter.

3. Drücke die Wäscheklammer zusammen. Was passiert?

6.3. Schaltertypen
6.3.1. Stellschalter

Modell eines Stellschalters[42]

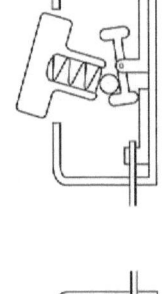 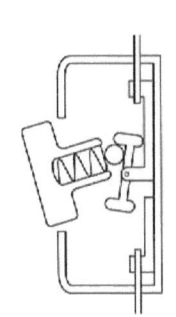

Schema eines Stellschalters[43] - Stromkreis offen / geschlossen

---

[42] http://www.google.de/imgres?imgurl=http://193.196.117.23/projekte/WS05-Lautstaerkersteuerung/images/conrad-700223-wippschalter_0-i_2_polig[1].jpg&imgrefurl=http://193.196.117.23/projekte/WS05-Lautstaerkersteuerung/vorteilnachteil.html&usg=__heLWnE4BwolBjLMziq6UlmVhrIA=&h=235&w=256&sz=8&hl=de&start=206&zoom=1&tbnid=dUH_yowOhW2C6M:&tbnh=144&tbnw=157&ei=D0StTubnK4nO4QSC9d2KDw&prev=/search%3Fq%3Dwippschalter%26start%26hl%3Dde%26client%3Dfirefox-a%26rls%3Dorg.mozilla:de:official%26channel%3Ds%26biw%3D1848%26bih%3D947%26output%3Dimages_json%26tbm%3Disch&chk=sbg&um=1&itbs=1&iact=rc&dur=5114&sig=102442197707873 5894188&sqi=2&page=5&ndsp=51&ved=1t:429,r:28,s:206&tx=88&ty=76 (Zugriff am 30.10.2011)
[43] Dinges, S. 24

6.3.2. Drückschalter

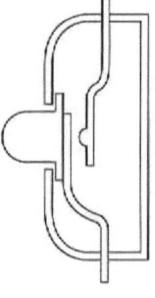

Modell eines Drückschalters[44]

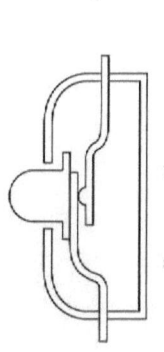 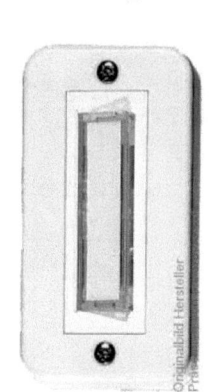

Schema eines Drückschalters[45] - Stromkreis offen / geschlossen

---

[44] http://www.google.de/imgres?imgurl=http://193.196.117.23/projekte/WS05-Lautstaerkersteuerung/images/conrad-700223-wippschalter_0-i_2_polig[1].jpg&imgrefurl=http://193.196.117.23/projekte/WS05-Lautstaerkersteuerung/vorteilnachteil.html&usg=__heLWnE4BwoIBjLMziq6UImVhrlA=&h=235&w=235&sz=8&hl=de&start=20&zoom=1&tbnid=dUH_yowOhW2C6M:&tbnh=144&tbnw=157&ei=D0StTubnK4nO4QSC9d2KDw&prev=/search%3Fq%3DWippschalter%26start%3D20%26num%3D10%26um%3D1%26hl%3Dde%26client%3Dfirefox-a%26rls%3Dorg.mozilla:de:official%26channel%3Ds%26biw%3D1848%26bih%3D947%26output%3Dimages_json%3D1%26tbm%3Disch&chk=sbg&um=1&itbs=1&iact=rc&dur=514&sig=102442197707873894118&sqi=2&page=5&ndsp=51&ved=1t:429,r:28,s:20&tx=88&ty=76 (Zugriff am 30.10.2011)
[45] Dinges, S. 24

Stundenverlaufsplan, 9.00 – 9.45 Uhr

Phase/Zeit	Geplanter Unterrichtsverlauf	Arbeits- und Sozialform	Medien
Begrüßung (ca. 2 min) 9.00 – 9.02 Uhr	<ul><li>LiV begrüßt SuS und stellt Gäste vor</li><li>SuS begrüßen die Gäste</li><li>LiV bittet SuS in den Sitzkreis</li></ul>	• Sitzkreis	
Hinführung/ Problemstellung (ca. 10 min) 9.02 – 9.12 Uhr	<ul><li>LiV bittet einen Schüler[46], das Licht auszuschalten</li><li>LiV bittet einen Schüler, das Tannenbaummodell auf dem hohen Fenstersims anzuschalten</li><li>Schüler steigt auf einen Stuhl und befestigt losen Draht mit Büroklammer am freien Batteriepol</li><li>LiV stellt fest, dass das An- und Ausschalten des Modells sehr mühsam ist</li><li>LiV wartet auf Äußerungen der SuS</li><li>SuS nennen Alternativen</li><li>LiV greift Idee des Schalters auf und bittet einen Schüler, das Licht im Klassenraum wieder anzuschalten</li><li>LiV erfragt die Funktion von Schaltern</li><li>SuS beschreiben in eigenen Worten eine oder mehrere Schalterfunktionen</li><li>LiV fragt, ob ein Schüler bereits eine Idee hat, wie ein Schalter mit den (bekannten) Teilen der Experimentierbox gebaut werden könnte und welche Teile dazu benötigt werden</li><li>LiV bitten den Schüler, diese Teile aus der Experimentierbox in die Mitte des Kreises zu legen</li><li>LiV fragt alle SuS, ob sie sich vorstellen können, wie ein Schalter mit diesen Materialien aussehen könnte</li><li>LiV fragt, ob es eine weitere Idee geben könnte und bittet bei Meldung den/die entsprechende/n Schüler/in, die Materialien in den Kreis zu legen</li></ul>	<ul><li>Sitzkreis</li><li>Lehrer-Aktivität</li><li>Schüleraktivität</li></ul>	<ul><li>Lichtschalter im Klassenraum</li><li>Tannenbaummodell mit Beleuchtung</li><li>Experimentierbox</li></ul>
Arbeitsphase (ca. 20 min) 9.12 – 9.32 Uhr	<ul><li>LiV nimmt eine Experimentierbox und erläutert den SuS, dass sie in dieser Stunde selbst einen Schalter für ihren Tannenbaum bauen können, mit allen Materialien, die sich in ihrer Box befinden, und alles</li></ul>	<ul><li>Sitzkreis</li><li>Schüleraktivität</li><li>Lehreraktivität</li></ul>	<ul><li>Experimentierbox mit: - Lämpchen</li></ul>

[46] die Bezeichnung „Schüler" umfasst sowohl Schüler als auch Schülerinnen

Phase	Verlauf	Sozialform	Material
	auf dem Holzbrettchen befestigen sollen • LiV hält Tippkarte mit Bauanleitung für einen Stellschalter hoch und erklärt, dass SuS, die einen Tipp haben möchten, sich eine Tippkarte nehmen können und darauf eine Bauanleitung finden • SuS gehen an ihre Partnerarbeitsplätze und finden dort ihre Experimentierbox und ihre Tannenbäume vor • SuS konstruieren einen Schalter und bauen ihn in ihre Tannenbaumbeleuchtung ein -> *SuS, die schneller fertig sind, können noch einen weiteren Schalter (evtl. mit Bauanleitung auf weiterer Tippkarte) konstruieren und Zusatzmaterial bekommen*	• Partnerarbeit am Arbeitsplatz	- Fassungen - Kabeln - Reißzwecken - Wäscheklammern - Nagel - Metall-Laschen - Büroklammern • Holzbrettchen • Tannenbaummodell • Tippkarten mit Bauanleitungen
Reflexion (ca. 11 min) 9.32 – 9.43 Uhr	• LiV beendet Arbeitszeit durch ein Zeichen -> *die Schalterkonstruktionen bleiben zunächst an den Arbeitsplätzen, um sie nicht zu gefährden* • LiV bittet SuS in den Sitzkreis • LiV bittet SuS, ihre Konstruktionen vorzustellen -> *es werden 2-3 (möglichst unterschiedliche) Modelle vorgestellt und erläutert,* *die die SuS jeweils in die Sitzkreismitte tragen* • LiV fragt nach Schwierigkeiten beim Bau der Modelle • LiV fragt, welcher Schalter für die Beleuchtung des Tannenbaums besonders geeignet ist • SuS diskutieren die Funktionen ihrer Schalter	• Sitzkreis • Schülerpräsentationen	• Schülerkonstruktionen • Tisch in Sitzkreismitte
Verabschiedung Ausblick (ca. 2 min) 9.43 – 9.45 Uhr	• LiV gibt Ausblick auf die nächste Stunde • LiV verabschiedet sich von SuS und verlässt mit den Gästen den Klassenraum	• Arbeitsplatz • Lehreraktivität	

BEI GRIN MACHT SICH IHR WISSEN BEZAHLT

- Wir veröffentlichen Ihre Hausarbeit, Bachelor- und Masterarbeit

- Ihr eigenes eBook und Buch - weltweit in allen wichtigen Shops

- Verdienen Sie an jedem Verkauf

Jetzt bei www.GRIN.com hochladen und kostenlos publizieren